»Schlagen wir die Zeitung auf, schauen wir TV oder ins Internet und sehen oder hören die Nachrichten, dann werden wir oft mit negativen Botschaften bombardiert. Überall begegnet uns eine gedrückte Stimmung. So können sich auch in uns leicht Gefühle der Hoffnungslosigkeit oder Angst breitmachen. Von uns selbst und als Psychotherapeuten wissen wir, wie schnell wir aus dem Gleichgewicht geraten können.

Deshalb ist es umso wichtiger für uns alle, unseren Blick auf das zu lenken, was uns bleibt und was wir beeinflussen können. Bereits kleine Anstöße, einen anderen Blickwinkel einzunehmen, können uns jedoch ebenso schnell wieder in Balance bringen.

Diese Erfahrung, die wir mit vielen Menschen in Therapiesitzungen, Seminaren und Workshops geteilt haben, war Anlass für uns, vor 30 Jahren zum ersten Mal den Lebensfreude-Kalender zu veröffentlichen. Sozusagen als therapeutische Hilfe in kleinen, leicht verdaulichen Portionen. Und als Erinnerung an das, was wesentlich ist und zu unserem seelischen und körperlichen Wohlbefinden beiträgt.«

DORIS WOLF UND ROLF MERKLE

Jeden Morgen ein kostbares **das Leben.**

Achte und nutze es.

erhältst du Geschenk:

Mag der gestrige Tag mit Kummer und Frust angefüllt gewesen sein, der heutige Tag bietet dir neue Möglichkeiten, dein Leben besser zu machen und mehr Freude zu verspüren. Du kannst aus deinen Fehlern lernen und nach anderen Lösungen suchen. Du kannst neue Menschen kennenlernen und neue Verhaltensweisen ausprobieren. Nutze die Möglichkeiten jedes neuen Tages.

Die wichtigsten Dinge in deinem Leben bekommst du umsonst.

Mit Geld kannst du dir ein Bett kaufen,
aber keinen Schlaf.
Mit Geld kannst du dir eine Wohnung kaufen,
aber kein Zuhause.
Mit Geld kannst du dir Medizin kaufen,
aber keine Gesundheit.
Mit Geld kannst du dir Vergnügungen kaufen,
aber keine Zufriedenheit.
Mit Geld kannst du dir Liebe kaufen,
aber keine menschliche Wärme.
Die wertvollsten Dinge in deinem Leben
sind ein Geschenk.

Drei Aufmunterungen, die du dir jeden Tag gönnen solltest:

Ich bin liebenswert.

Ich bin
einzigartig.

Ich schaff das.

Du bist
einzigartig –
warum
willst du
wie andere
sein?

Jede Schneeflocke ist ein Unikat. Keine gleicht der anderen. Dasselbe trifft auf dich zu. Unter den Milliarden Menschen gibt es keinen mit deiner genetischen Ausstattung und Persönlichkeit. Sei du und lebe deine Einzigartigkeit. Lass dich nicht verbiegen. Geh deinen Weg und tu, was du für richtig und wichtig hältst. Sei unverwechselbar. Ja, das braucht manchmal viel Mut, aber es ist auch belohnend.

Eigne dir die Einstellung an: Geht nicht, gibt's nicht.

Es gibt Grenzen für uns alle. Noch so viel Optimismus kann die Schwerkraft nicht außer Kraft setzen oder Blei in Gold verwandeln. Diese Grenzen haben jedoch wenig mit unseren Wünschen und Zielen zu tun, wie etwa einem gutem Aus- und Einkommen, einem Beruf, der uns befriedigt, oder einem liebevollen Partner. Optimisten stellen Grenzen grundsätzlich in Frage. Sie handeln nach der Devise: Geht nicht, gibt's nicht. Sie sind überzeugt: Was andere können, das kann ich auch. Könnte diese Einstellung auch dich weiterbringen?

Du willst etwas
zur Verbesserung
der Welt beitragen?
Dann schenke
deinen Mitmenschen
ein Lächeln.

Geschenke müssen weder Geld
noch Zeit kosten. Du hast etwas Wunderbares
zu verschenken, das dir jederzeit
zur Verfügung steht: dein Lächeln.
Wann hast du das letzte Mal jemandem
ein Lächeln geschenkt?
Nimm dir heute vor, so vielen Menschen
wie möglich dein Lächeln zu schenken.
Einfach so. Du wirst überrascht sein,
wie viel freundlicher dir die Menschen
begegnen und wie viele Türen sich
für dich öffnen.

Anerke

nnung

ist ein Spiegel dessen, wie andere dich sehen, und kein Gradmesser deines Wertes.

Du fühlst dich wichtig und wertvoll, wenn andere dich loben? Du fühlst dich klein und unwichtig, wenn andere dich kritisieren und ablehnen? Dann erinnere dich daran, dass die Meinung anderer Ausdruck ihrer Einstellungen, Erwartungen und Stimmung ist. Sie finden dich gut, wenn du so bist, wie sie dich wünschen. Weder Lob noch Kritik anderer können etwas an deinem Wert ändern. Du bleibst derselbe wertvolle Mensch mit all seinen Eigenarten, Stärken und Schwächen.

Das Leben gleicht einem Kartenspiel. Welche Karten du bekommst, kannst du nicht bestimmen, wohl aber, wie du sie spielst.

Weder die Karten, die du in einem Spiel bekommst,
noch die Aufgaben, die dir das Leben stellt,
sind vorhersehbar. Du kannst dieser Unvorhersehbarkeit
mit einem Gefühl von Ausgeliefertsein oder
mit Neugier begegnen. Darüber hinaus hast du
die Möglichkeit zu bestimmen, ob du mehr auf Sicherheit
oder auf Risiko spielst. Du kannst wählen, ob du
eher ein Teamplayer oder Einzelkämpfer bist.
Und du kannst deine Fähigkeiten verbessern,
mit Herausforderungen umzugehen.

Schau in den

Spiegel -

dort siehst du
den einzigen Menschen,
der dein Leben
besser machen kann.

Du hast immer Wahlmöglichkeiten –
und wenn es nur die Wahl
deiner Einstellungen ist.

Verwechsle weniger besitz

Wenn du Berichte über Prominente liest, dann hast du vielleicht den Eindruck: Wer viel besitzt und sich viel leisten kann, der ist wer. Du folgerst daraus: Wer wenig besitzt, ist minderwertig. Auch wenn viele so denken, kannst du für dich entscheiden, deinen Wert an anderen Dingen festzumachen. Beispielsweise könntest du deinen Blick darauf richten, wie du andere Menschen behandelst oder was du zum Zusammenleben in unserer Gesellschaft beiträgst. Das ist es, was in Wirklichkeit zählt.

en nicht mit weniger sein.

So machst du aus dir einen

OPTI MIS TEN.

Glaub daran,
dass dir vieles möglich ist,
statt dir einzureden,
dass du etwas nicht kannst.
Achte auf deine Gedanken.
Ersetze negative Gedanken durch positive.
Schätze, was du hast.
Lass dich von anderen inspirieren,
statt dich mit ihnen zu vergleichen.
Umgib dich mit positiv denkenden Menschen.
Lächle mehr, beklag dich weniger.
Sieh Fehler und Misserfolge als Ansporn,
neue Wege zu finden.

Wir können viele Dienste in Anspruch nehmen. Unseren Hund können wir ausführen, das Menü für unsere Gäste kochen oder Liebes- und Entschuldigungsbriefe schreiben lassen. Für deine Seele und deinen Körper bist du jedoch verantwortlich. Dich zufrieden und glücklich machen kannst nur du. Mach es dir deshalb zur Aufgabe, herauszufinden, was du brauchst, um glücklich zu sein, und handle danach

Dich glücklich machen
kannst du nicht delegieren.

Je weniger Regeln
du in Bezug auf
das Leben und
die Menschen hast,
desto zufriedener
bist du.

Je mehr Forderungen du an das Leben und andere Menschen in punkto Gerechtigkeit, Ehrlichkeit oder Freundlichkeit stellst, umso größer ist die Wahrscheinlichkeit, dass du enttäuscht und verärgert bist. Da du über andere keine Kontrolle hast, tust du dir selbst einen großen Gefallen, wenn du deine Regeln lockerst. Statt zu fordern, die anderen „sollten" sich an meine Spielregeln halten, könnest du sagen: „Es wäre schön, wenn andere ... würden." Mit dieser Einstellung wird dir niemand deinen Tag ruinieren.

Es gibt kein
für das Glück.
es dir nur
aufs Neue

Abonnement
Du kannst
immer wieder
schaffen.

Durch deine Gedanken kannst du ein Paradies zur Hölle machen und die Hölle zum Paradies.

Warst du schon einmal an einem wunderschönen Ort und hast dich dort sehr unglücklich gefühlt? Hast du dich schon einmal in einer Runde fröhlicher Menschen einsam gefühlt? Dann weißt du, dass unsere Gedanken mehr Einfluss auf unsere Gefühle haben als unsere Umwelt. Unsere Gedanken sind sehr mächtige Werkzeuge, die über unser Glücklichsein oder Unglücklichsein entscheiden. „Es sind nicht die Dinge, die uns beunruhigen, sondern unsere Sicht der Dinge“, sagte schon Epiktet vor 2000 Jahren.

Die Tragik des Lebens ist nicht, dass es zu früh endet, sondern dass du zu lange wartest, es zu leben.

Führst du eine Liste, was du in deinem Leben – dann wenn du genügend Zeit und Geld hast – tun und erleben möchtest? Was macht dich so sicher, dass du diesen Zeitpunkt erleben wirst? Überleg dir lieber, was du heute tun und anpacken kannst, um dein Leben zu bereichern. Wie sagte Abraham Lincoln einst: „Am Ende zählen nicht die Jahre, die du gelebt hast, sondern das Leben in den Jahren."

Worauf wartest du also?

Mach es wie ein Eichhörnchen.

Statt Nüsse, sammle
schöne Erlebnisse
in einem Tagebuch,
über die du dich
an trüben Tagen
freuen kannst.
Die Erinnerung
an schöne
Erfahrungen
kann deine
Stimmung heben.

Manchmal müssen wir etwas verlieren, um zu erfahren, wie wertvoll es ist.

Dass wir sehen, hören, laufen, schmecken und riechen können, ist für uns so selbstverständlich wie die Sterne am Himmel. Weder schätzen wir diese und viele andere Gaben, noch sind wir dafür dankbar oder achten darauf, dass sie uns erhalten bleiben. Erst wenn wir sie verloren haben, wird uns schmerzlich bewusst, welch großes Geschenk sie waren. Gewöhn dir deshalb an, dich täglich über diese Geschenke zu freuen und dafür dankbar zu sein.

Fehlt dir

etwas?

Dann lass dich dadurch
nicht davon abhalten,
alles andere zu genießen.

Wenn Plan B nicht geht – das Alphabet hat noch mehr Buchstaben.

Es ist gut, einen Plan für den Fall zu haben, dass Plan A sich anders entwickelt als erhofft. Doch manchmal funktioniert auch Plan B nicht. Denke in diesem Fall daran, dass es vermutlich noch weitere Lösungen gibt, die dir offenstehen. Informiere dich, sprich mit anderen oder hol dir Unterstützung bei einem Fachmann. Die Pläne C bis Z warten auf dich!

Wenn du
alles tätest,
wozu du
im Stande bist,
würdest du
dich selbst
in Erstaunen
versetzen.

Welches sind deine Wünsche
und kühnsten Träume?
Wenn du einen oder mehrere Wünsche
frei hättest, was würdest du dir wünschen?
Möchtest du Ängste und
Depressionen in den Griff bekommen?
Eine glückliche Beziehung eingehen?
Eine Million Euro verdienen?
Du kannst all das und noch sehr viel
mehr haben, wenn du an dich und
deine Fähigkeiten glaubst und bereit bist,
das dafür Notwendige zu tun.
Du kannst dein Leben umkrempeln,
ein anderer Mensch werden
und dich und andere
in Erstaunen versetzen.

Die wertvollsten
anderen machen

Geschenke, die du kannst, sind:

Sorge gut für deinen Körper.

Er ist der einzige Ort,
an dem deine Seele leben kann.

Du siehst und immer nur wonach du

Versuchspersonen erhielten die Aufgabe, in einer Zeitung alle Fotos zu zählen. Keiner von ihnen fand die riesige Überschrift auf Seite 2: „Hören Sie auf zu zählen. Es sind genau 43 Fotos in der Zeitung". Stattdessen zählten alle eifrig. Was lernen wir daraus? Du siehst und erlebst nur das, wonach du suchst. Für alles andere bist du blind. Das bedeutet für deinen Alltag, dass du Negatives siehst und erlebst, wenn du danach Ausschau hältst. Um etwas Erfreuliches, Schönes und Positives erleben zu können, müsstest du vielleicht nur bewusst danach suchen.

erlebst
das,
suchst.

Du möchtest einen Freund an deiner Seite? Wie wäre es mit dir selbst?

Kannst du dir vorstellen, mit jemandem ein Leben lang zusammen zu sein, der dich ständig kritisiert, klein und mutlos macht und der kein gutes Wort für dich übrig hat? Wohl kaum. Dann sei du dir selbst ein guter, wenn nicht gar dein bester Freund. Verzeih dir deine Fehler und Schwächen, mach dir Mut, wenn du mutlos bist, und tröste dich, wenn du verzweifelt bist. Spare nicht mit Lob und Komplimenten. Sei dir ein guter Freund und du wirst nie alleine sein.

Liebe ist, dem anderen sein Anderssein zu gestatten.

Wenn dieser Satz nur so einfach in den Alltag zu übertragen wäre, wie er sich liest. Wissen wir doch alle, wie schwer es ist, zu akzeptieren, dass andere und die Welt sich nicht nach unseren Vorstellungen richten müssen. Vielleicht fragst du dich, warum du diese Tatsache akzeptieren sollst. Die Antwort ist: Weil du keine andere vernünftige Alternative hast. Oder ist es vernünftig, sich immer wieder gegen etwas zu wehren, das man nicht ändern kann und über das man keine Macht hat? Nein. Wenn wir dem anderen sein Anderssein erlauben, dann in erster Linie unseretwegen. Denn wir sind es doch, die wir uns am allermeisten schaden, wenn wir ärger- und hasserfüllt sind, oder? Es lohnt sich also, jeden Tag immer wieder mit dem Vorsatz zu beginnen: „Ich bin bereit, den anderen so zu akzeptieren, wie er ist."

Sei ein Macher und kein Nachmacher.

Wir alle tragen in uns eine große Sehnsucht nach Anerkennung. Diese Sehnsucht lässt uns oft zum Nachmacher werden. Aus Angst, die Zuwendung zu verlieren, passen wir uns den Menschen an, die uns so wichtig erscheinen. Wir imitieren sie in ihren Einstellungen, ihrem Verhalten und ihrem Äußeren und verlieren uns dabei selbst. Rufe dir deshalb wieder deine Wünsche und Ziele in Erinnerung. Willst du diese wirklich der möglichen Anerkennung wegen opfern? Wahre Befriedigung erlangst du nur, wenn du etwas Eigenständiges tust.

*Fünf Worte,
die du öfter
gebrauchen
solltest,
weil du dir
und anderen
damit etwas
Gutes tust:*

Ich mag dich.

Danke.

Tut mir leid.

Das wird schon.

Bitte.

Wenn der Mensch
in Ordnung ist,
dann ist auch die Welt
in Ordnung.

Ein Geistlicher bereitete sich auf seine Sonntagspredigt vor. Dabei wurde er immer wieder von seinem kleinen Sohn gestört, dem es langweilig war. Irgendwann wurde es dem Vater zu bunt und er zerriss eine Landkarte in kleine Teile. Er gab seinem Sohn die Aufgabe, die Landkarte, die nun einem Puzzle glich, gleich wieder zusammenzusetzen. Nach kurzer Zeit kam sein Sohn mit der richtig zusammengesetzten Landkarte zurück. Auf die erstaunte Frage seines Vaters, wie er das schnell gemacht habe, antwortete der Sohn: „Das war einfach. Auf der Rückseite der Landkarte war die Abbildung eines Menschen. Ich dachte mir, wenn der Mensch in Ordnung ist, dann ist auch die Welt in Ordnung."

Begegne jedem Fehler mit der Einstellung: „Wieder etwas dazugelernt."

Wenn du deinen Fehlern mit der Einstellung begegnen würdest: „Wieder etwas dazugelernt." Was glaubst du, würde sich in deinem Leben verändern? Du würdest Selbstverurteilung und Hadern durch Annehmen ersetzen. Ja, du könntest sogar Dankbarkeit empfinden, etwas dazulernen zu dürfen. Du würdest deinen Blick auf die Zukunft richten und nach Lösungen suchen, statt in der Vergangenheit zu verharren. Du wärst motiviert und voller Energie, aktiv zu werden, statt Niedergeschlagenheit und Mutlosigkeit zu verspüren. Wann wirst du deine Fehler begeistert begrüßen und feiern als eine Chance, dich weiterzuentwickeln?

Gönne anderen,
was sie besitzen –
sonst machst du
deren Glück zu
deinem Unglück.

Wie fühlst du dich, wenn du neidisch bist?

Du bist unglücklich, unzufrieden, ja vielleicht sogar hasserfüllt.

Möchtest du dich so fühlen?

Tu dir und anderen einen Gefallen: Konzentriere dich

auf deinen Reichtum. Welche Reichtümer besitzt du?

Dir fällt nichts ein? Frage dich:

Welche Stärken und Fähigkeiten habe ich?

Gibt es Menschen, die mich mögen und unterstützen?

Wofür schätzen mich andere? Suche und finde,

was dich auszeichnet und reich macht.

Behandle einen Misserfolg wie eine Straßensperre. Wende und wähle einen anderen Weg.

Ein Misserfolg, Fehlgriff, Patzer oder Rückschlag stellt weder dich noch deine vergangenen Leistungen infrage. Weder bist du als Mensch gescheitert, noch bist du unfähig oder unbegabt. Lediglich deine Strategie, die du gewählt hast, um dein Ziel zu erreichen, war nicht die richtige. Drehe also bei einem Misserfolg um, schlage einen neuen Weg ein und schau, ob dieser dich ans Ziel bringt.

Wenn du verzeihst,
änderst du nicht
die Vergangenheit,
wohl aber
deine Zukunft.

Es wird dir immer einmal wieder Unrecht widerfahren. Dass du zunächst verärgert und enttäuscht bist, ist verständlich. Wenn du dir das Unrecht jedoch immer wieder vor Augen führst, dann lebst du in der Vergangenheit und vergeudest deine Energie. Entscheide dich lieber dafür, das „Unverzeihliche“ zu verzeihen. Das kostet Mut und Überwindung, aber nur so kannst du mit der Vergangenheit abschließen und Frieden finden.

Riskiere nie
deine Gesundheit,
um (erfolg)reich
zu sein.

*Jeden Tag
gibt es etwas Gutes,
auch wenn nicht
jeder Tag gut ist.*

Es gibt diese Tage, an denen scheinbar alles schief läuft und sich jeder und alles gegen dich wenden. Es sind Tage, die du am liebsten aus dem Kalender streichen würdest. Nimm dir an solchen Tagen immer mal wieder eine kleine Auszeit. Atme ein paar Male tief ein und aus. Dann mach dich bewusst auf die Suche nach Dingen, die gut sind. Die gibt es. Sie sind nur verborgen. Frage dich: Worüber könnte ich mich freuen? Wofür könnte ich dankbar sein?

Lachen
ist Aspirin
für Körper
und Seele.

Wünschst du dir manchmal eine Tablette, die du einfach nur zu schlucken brauchst, und dann fühlst du dich besser? Dann nutze deine körpereigene Medizin. Wenn du lachst, dann bessert sich deine Stimmung sofort. Dein Körper bekommt eine Sauerstoffdusche, Schmerzen werden gelindert und dein Stresspegel sinkt. Wenn dir nichts einfällt, worüber du lachen kannst, dann umgib dich mit Menschen, die gerne und viel lachen. Lachen ist ansteckend.

10 Gebote für ein gesundes Selbstwertgefühl

Kenne und schätze deine
positiven Seiten.

Verzeih dir deine Fehler
und Schwächen.

Bilde dir deine eigene Meinung
von dir.

Akzeptiere dich, wie du bist.

Lobe dich, wenn du etwas gut
gemacht hast.

Behandle dich selbst so,
wie du gerne von anderen
behandelt werden möchtest.

Vergleiche dich und deine
Leistungen danach, wie sehr
du dich verbessert hast.

Freue dich über Komplimente
und nehme sie dankend an.

Kenne und nutze deine
Fähigkeiten und Stärken.

Schenke dir selbst jeden Tag
ein wohlwollendes Lächeln.

Probleme

sind wie Hausaufgaben
aus der Schulzeit.
Sie mögen lästig sein, aber

bringen dich weiter.

Probleme kommen immer ungelegen. Sie hindern uns daran, gradlinig unser Ziel zu erreichen. Deshalb nehmen wir sie gewöhnlich zum Anlass, uns darüber aufzuregen oder mit dem Schicksal zu hadern. Unser Ärger und unsere Verunsicherung sind verständlich, aber letztendlich nur für kurze Zeit sinnvoll. Es genügt, wenn du in Zukunft diese negativen Gefühle als Hinweis deutest, dass du eine neue Route wählen musst. Frage dich deshalb, wann immer ein Problem auftaucht: Was ist meine Aufgabe? Problem, was möchtest du, dass ich lerne?

Mal angenommen: Heute wäre der letzte Tag in deinem Leben. Würdest du heute tun, was du dir vorgenommen hast?

Wenn du diese Frage für mehrere Tage hintereinander mit Nein beantworten musst, dann ist es vermutlich an der Zeit, dein Leben zu ändern. Überleg dir: Was ist mir wirklich wichtig? Was habe ich bisher vernachlässigt oder für zu wichtig gehalten? Überdenk deine Prioritäten und gestalte dann dein Leben so, dass du die meiste Zeit tust, was dir wirklich am Herzen liegt.

Wenn du
stark
machst du
einen

glaubst, zu sein, aus dir **Goliath.**

Die Überzeugung, stark zu sein, kann nicht die Schwerkraft aufheben oder Berge versetzen. Mit der Kraft deiner Gedanken kannst du jedoch Unglaubliches bewirken. Deine Gedanken stärken oder schwächen dich. Wenn du dir einredest, schwach zu sein, machst du aus dir einen Schwächling. Umgekehrt kannst du über dich hinauswachsen, wenn du an dich und den Erfolg glaubst.

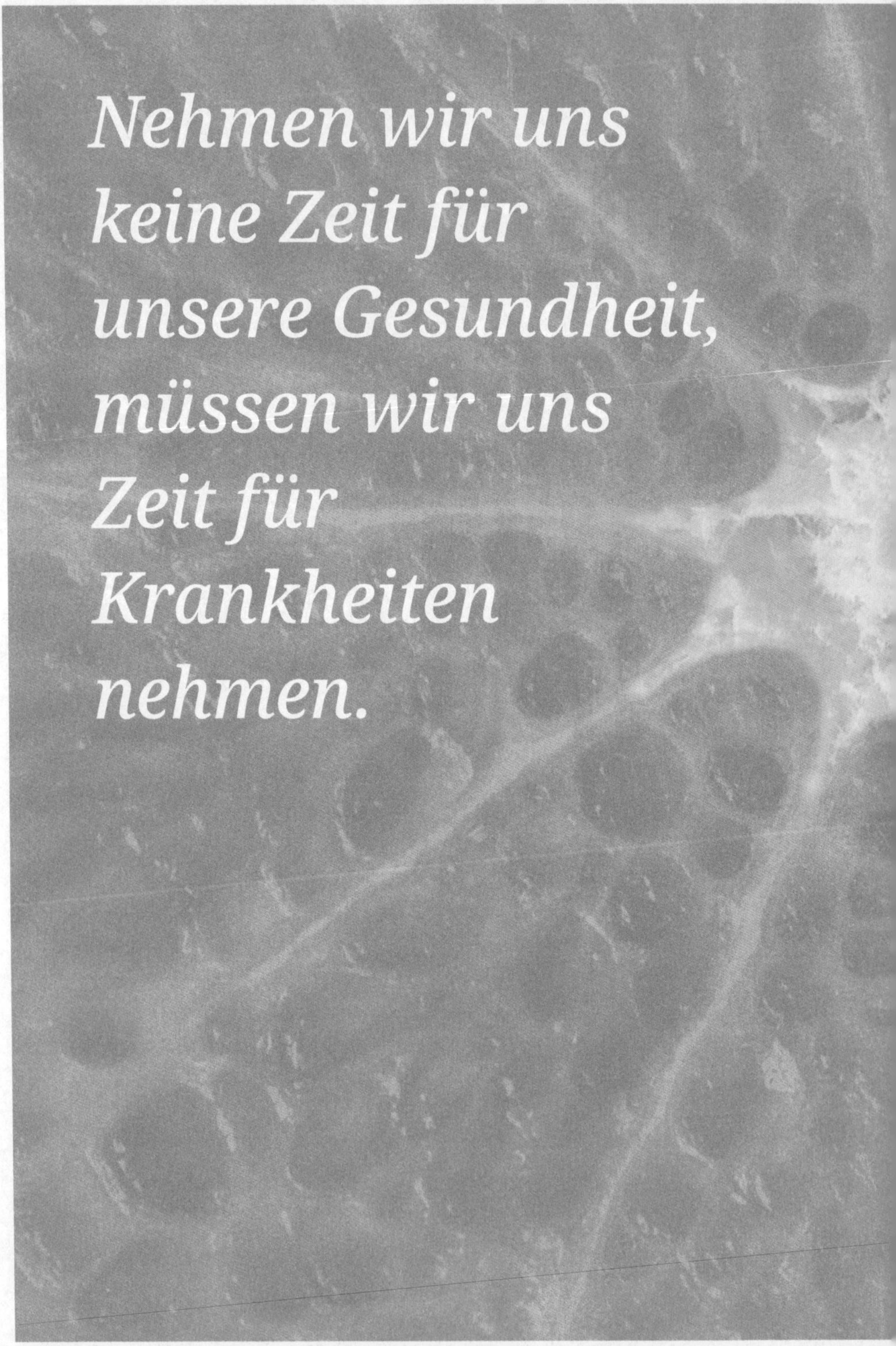

Nehmen wir uns keine Zeit für unsere Gesundheit, müssen wir uns Zeit für Krankheiten nehmen.

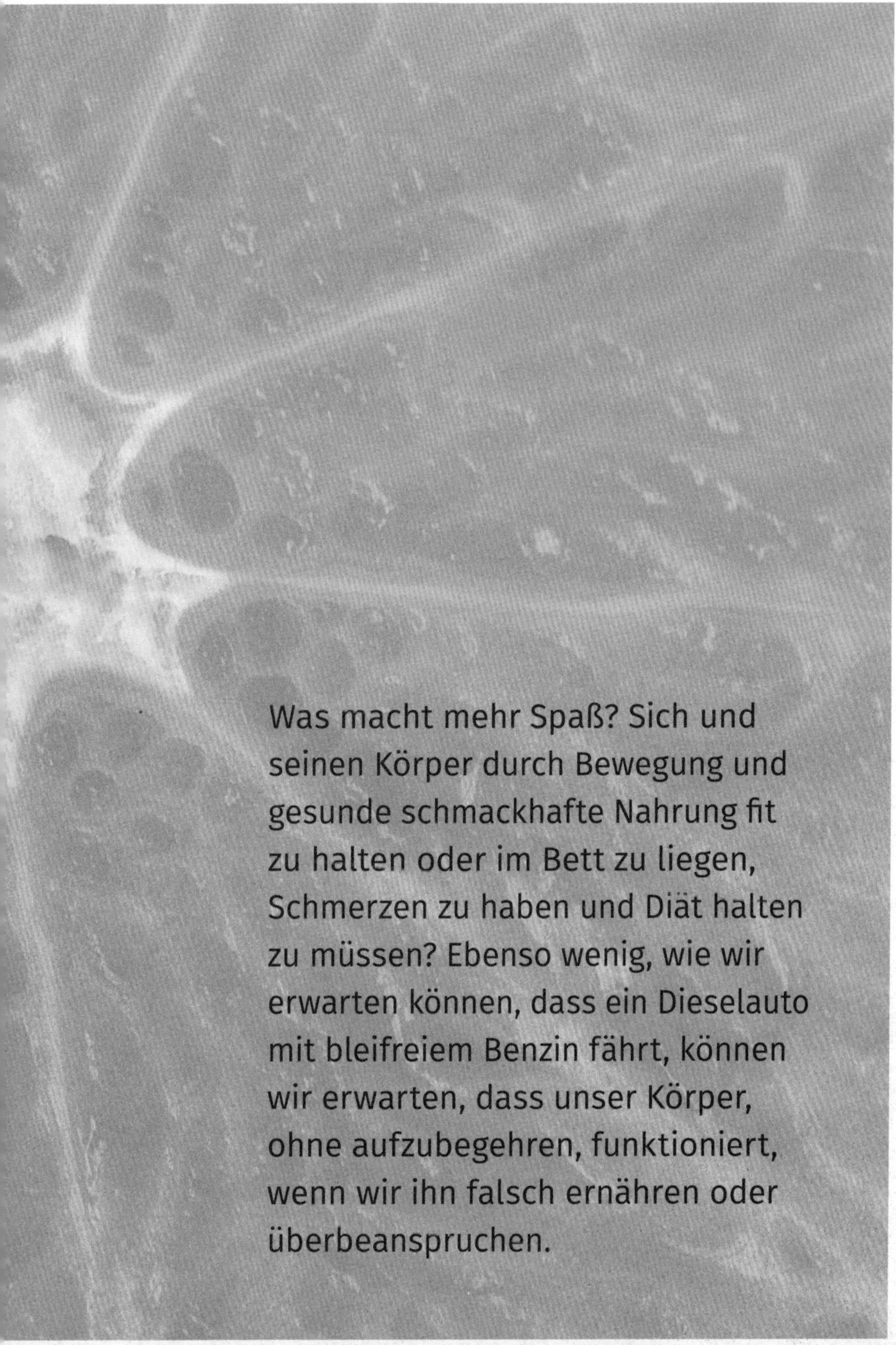

Was macht mehr Spaß? Sich und seinen Körper durch Bewegung und gesunde schmackhafte Nahrung fit zu halten oder im Bett zu liegen, Schmerzen zu haben und Diät halten zu müssen? Ebenso wenig, wie wir erwarten können, dass ein Dieselauto mit bleifreiem Benzin fährt, können wir erwarten, dass unser Körper, ohne aufzubegehren, funktioniert, wenn wir ihn falsch ernähren oder überbeanspruchen.

Zutaten
für ein
erfülltes
Leben

Was du am Ende deines Lebens
vermutlich bereuen wirst:

nicht genug Zeit mit der Familie
und Freunden verbracht zu haben.

nicht getan zu haben, was dir
wichtig und richtig erschien.

anderen nicht gesagt zu haben,
dass du sie magst.

nicht die richtige Balance zwischen Arbeit
und Familie gefunden zu haben

Drei kostenlose Geschenke, die viel Freude bereiten.

1.

Das Geschenk einer persönlichen Nachricht

Eine handschriftliche Nachricht wie „Danke für deine Hilfe“ oder „Schön, dass es dich gibt“ wiegt mehr als 1000 Worte.

2.

Das Geschenk der Zuwendung

Sei großzügig mit Umarmungen, Küssen und anerkennendem Schulterklopfen.

3.

Das Geschenk eines Kompliments

Wenn du dein Leben nicht selbst planst und gestaltest, dann tun es andere für dich.

Ein Schiff ohne Steuermann wird von Wind und Wellen mal in die eine, mal in die andere Richtung getrieben. So geht es auch uns Menschen, wenn wir das Steuer unseres Lebens nicht selbst in die Hand nehmen. Nur wenn wir wissen, was wir wollen, und dieses Ziel konsequent verfolgen, können wir ungeachtet der Einflüsse anderer oder der Umstände unser Leben mit den Inhalten füllen, die uns wichtig sind und uns ein Gefühl der Befriedigung geben.

6 Tätigkeiten, die deine Seele erfreuen:

schöne Musik hören,

in die Natur gehen,

deinen Körper verwöhnen,

mit Freunden ein gutes Essen genießen,

einen Menschen umarmen,

Ordnung schaffen und ausmisten.

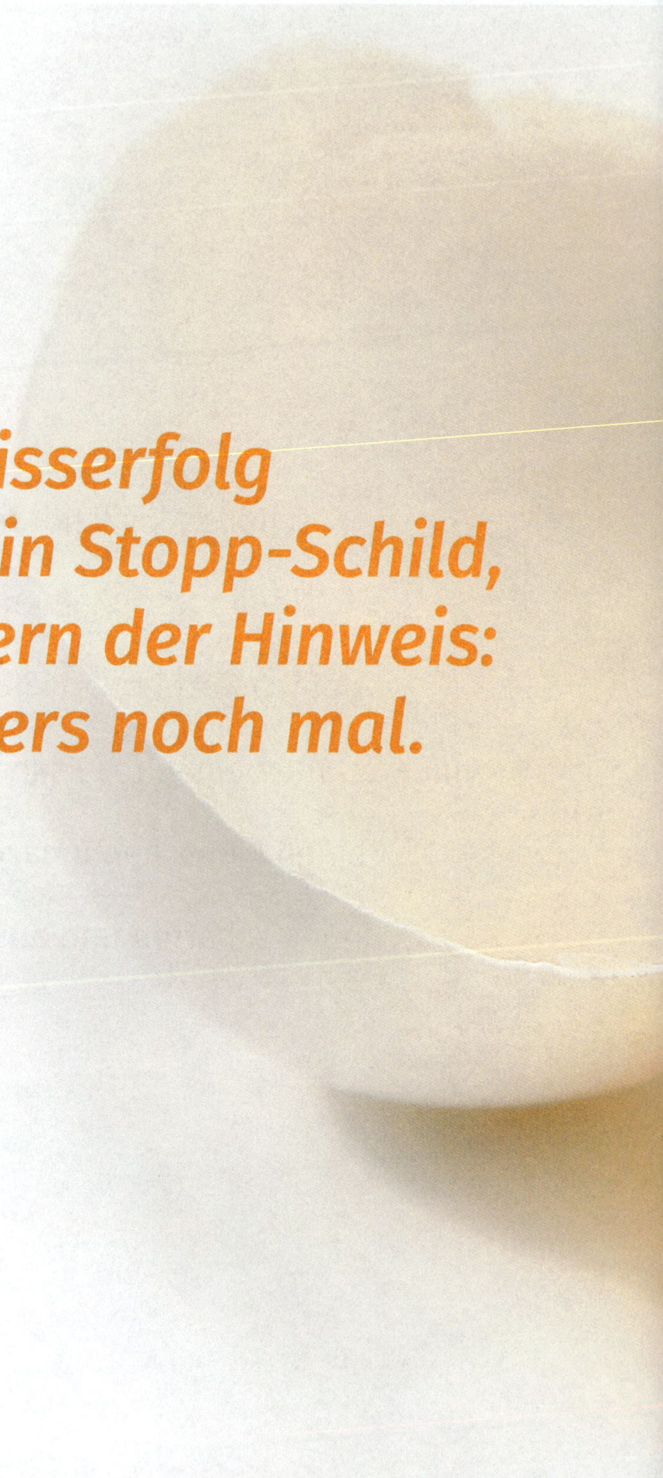

*Ein Misserfolg
ist kein Stopp-Schild,
sondern der Hinweis:
Probiers noch mal.*

Betrachtest du einen Misserfolg als
eine Niederlage, die dir Anlass gibt, dich über
deine Unfähigkeit zu ärgern, dich zu kritisieren oder
dich zu schämen? Dann solltest du in Zukunft
anders vorgehen. Nimm lediglich zur Kenntnis, dass
dein gewählter Weg dich nicht zu deinem Ziel führt.
Überlege, was du besser oder anders machen kannst,
und starte von Neuem. Denke daran:
Es ist meist zu früh, um aufzugeben.

Lebe so, dass du am Ende deines
ICH BEREUE

Lebens sagen kannst:

NICHTS.

DIE KUNST

Wer von uns möchte nicht so sein, wie manch eine Omi oder ein Opa, die mit ihren 70 und mehr Jahren unternehmungslustig, neugierig und vital sind, denen man ihre Jahre nicht anmerkt? Wie alt man sich fühlt, ist eine Frage der Einstellung und nicht der Jahre. Das Geheimnis jung gebliebener, alter Menschen besteht darin, dass sie sich über ihr Alter keine Gedanken machen und sie sich die Eigenschaften junger Menschen bewahrt haben: Sie sind neugierig und unternehmungslustig und immer bereit, neue Erfahrungen zu machen. Wäre diese Einstellung auch etwas für dich?

DES
LEB
ENS

besteht darin, jung zu sterben –
und das in einem hohen Alter.

Das wichtigste Gebot der Nächstenliebe:

Behandle andere so,
wie du gern von ihnen
behandelt werden möchtest.

Das wichtigste Gebot der Selbstliebe:

Behandle dich selbst so, wie du gern von anderen behandelt werden möchtest.

Wie viel wiegt ein kleines Glas mit etwas Wasser? 100 Gramm? Was passiert, wenn du dieses Glas für einige Minuten mit ausgestrecktem Arm hochhältst? Vermutlich nichts. Was passiert, wenn du dieses Glas eine Stunde hochhältst? Dein Arm wird vermutlich schmerzen und sehr schwer werden. Was passiert, wenn du das Glas einen ganzen Tag hochhältst? Du wirst wahrscheinlich unerträgliche Schmerzen haben. Das Gleiche trifft auf deine Probleme und Sorgen zu. Auch kleine Probleme verursachen Schmerzen, wenn du sie lange mit dir herumträgst. Deshalb ist es wichtig, dass du Probleme löst, statt sie tagelang mit dir herumzutragen.

Leer jeden Tag das Glas mit deinen Problemen.

Wenn du lachst, schickst du deine Seele und deinen Körper in einen Kurzurlaub.

Wann hast du das letzte Mal so richtig aus vollem Herzen gelacht oder zumindest geschmunzelt? Höre ich dich einwenden, dass du im Augenblick einfach nichts zu lachen hast? Nun, dann gehst du wahrscheinlich davon aus, dass dein Lachen automatisch kommen muss. Du wartest darauf, bis dir zum Lachen zumute ist. Du kannst dich aber auch für den umgekehrten Weg entscheiden: Sorge dafür, dass du dich in Situationen begibst, in denen dir das Lachen leichter fällt. Suche z.B. den Kontakt zu humorvollen Menschen oder schau einen lustigen Film an.

Wenn du dich selbst respektierst, dann kannst du deinen Respekt vor dir bewahren, auch wenn andere respektlos zu dir sind.

Wenn du deinen Wert davon abhängig machst, wie andere über dich denken, dann gehen deine Gefühle wie eine Schaukel auf und ab. Reden andere gut über dich, geht es dir gut. Reden sie schlecht über dich, dann geht es dir schlecht. Aus dieser Abhängigkeit vom Urteil anderer kannst du dich befreien, wenn du selbst deinen Wert festlegst. Deshalb: Lerne, dich anzunehmen, dann ist es dir nicht so wichtig, wie andere von dir denken.

Sei immer „für etwas“ und nie „gegen etwas“.

Sei für den Frieden, statt gegen den Krieg. Sei für Veränderungen und Verbesserungen, statt gegen bestehende Gesetze. Deine Energie fließt nämlich immer dahin, worauf du deine Aufmerksamkeit richtest. Wenn du gegen etwas ankämpfst, seien es dein Übergewicht oder deine Ängste, dann nutzt du deine Energie dafür, etwas zu bekämpfen. Wenn du für etwas bist, wenn du für das Positive bist, dann richtest du deine Energie auf das Ziel und bist motiviert, es zu erreichen. Formuliere dein Ziel deshalb immer positiv und stell dir vor, was genau du erreichen willst.

Akzeptiere dich, dann ist die Meinung der anderen nicht so wichtig.

Wenn du zu viel Wert auf die Meinung anderer legst, dann lebst du in der ständigen Angst, auf Ablehnung zu stoßen. Klar: Anerkennung und Lob anderer tun gut. Nur abhängig davon solltest du dich nicht machen. Sonst bricht eine Welt für dich zusammen, wenn andere dich kritisieren. Ruhig schlafen und erhobenen Hauptes durch die Welt gehen kannst du nur, wenn du dich selbst akzeptierst.

HAST DU SCHON ...

Nimm dir Zeit für

HEUTE

… gelächelt oder gelacht?

… an die Menschen gedacht,
die dir viel bedeuten?

… „Danke“ gesagt für das,
was du besitzt?

… Neues erlebt und gelernt?

… gestaunt oder geträumt?

… jemanden etwas Nettes gesagt?

das, was deiner Seele guttut.

Sei dankbar,

… dass du nicht alles hast, was du dir wünschst – sonst gäbe es nichts mehr, auf das du dich freuen könntest.

… dass du nicht alles weißt – es gibt dir die Chance, zu lernen.

… für deine Fehler – sie sind wertvolle Lehrmeister.

… für alle Herausforderungen – sie stärken deinen Charakter und deine Fähigkeiten.

Etwas nicht zu können, ist kein Grund, es sich nicht zuzutrauen.

Der Satz „Das kann ich nicht.“ wirkt dann lähmend auf dich, wenn du ihn fortführst: „... und deshalb kann ich es auch nicht lernen.“ Vollendest du ihn hingegen mit den Worten „... und deshalb möchte ich es lernen“, dann nimmst du ihn als Ansporn. Du wirst dich anfangs vielleicht ungeschickt verhalten, doch mit zunehmender Übung wirst du routinierter. Irgendwann wirst du sagen können: „Das kann ich.“

können,
es dir nicht

HÖRE NICHT AUF DIE PESSIMISTEN.

Es gibt immer jemanden, der dir erzählen will, dass du etwas nicht tun kannst, weil es zu schwierig oder zu gefährlich sei, weil du zu jung oder zu alt seist. Tu es einfach. Es ist nie zu spät, die Dinge zu tun, die du schon immer tun wolltest.

HELEN TEW

Sie überquerte mit 89 Jahren in einem Segelboot den Atlantik und erfüllte sich damit einen Lebenstraum.

POR
1382

Kein Urteil hat weitreichendere Folgen als das, das du über dich selbst fällst.

Deine Meinung über dich selbst, ob du dich für fähig oder unfähig, liebenswert oder ablehnenswert, ein Glückskind oder einen Pechvogel hältst, entscheidet über deine beruflichen Erfolge und Misserfolge, darüber, ob du befriedigende oder unbefriedigende Liebesbeziehungen hast, ob du glücklich oder unglücklich bist, ob du dich geliebt oder ungeliebt fühlst. Deshalb solltest du von Zeit zu Zeit immer einmal wieder überprüfen, ob dein Urteil über dich hilfreich und förderlich ist. Wenn nicht, kann es dein Lebensglück behindern.

Ein Diamant besteht nur aus Kohlenstoff und hat somit kaum einen eigenen Wert. Er hat nur den Wert, den wir ihm geben. Ebenso entscheidest du, welchen Wert du hast. Gib dir einen Wert, dann fühlst du dich wertvoll. Das ist das Geheimnis eines positiven Selbstwertgefühls.

Behandle dich wie einen

DIA MAN TEN

Es ist schwer, glücklich zu sein, wenn du dich auf unerfreuliche Dinge konzentrierst und die erfreulichen ausblendest.

Deine Einstellungen sind wie Buntstifte: Sie können dein Leben farbig oder düster machen.

Sorgenvolle, deprimierende, ängstliche, ganz generell negative Gedanken verdüstern dein seelisches Befinden und lassen die Welt grau in grau erscheinen. Wenn du etwas Farbe in dein Leben bringen möchtest, dann greife zu Buntstiften, indem du deine Blickrichtung änderst. Mache dich zum Beispiel bewusst auf die Suche nach positiven Erlebnissen und Erfahrungen in deiner Vergangenheit. Rufe dir Erlebnisse in Erinnerung, bei denen du dich stolz, zufrieden, geliebt oder geborgen gefühlt hast.

Wenn du pessimistisch eingestellt bist, dann bist du für alles Positive blind.

Wenn du pessimistisch eingestellt bist, dann ist dies so, als ob du dein Radio auf einen einzigen Sender programmiert hast. Du empfängst nur den Kanal, der Botschaften sendet wie: „Die Welt ist schlecht. Alles ist ausweglos. Niemand mag mich. Ich bin nichts wert. Ich bin ein Versager“. Alles, was du erlebst, wirst du dann negativ sehen. Du wirst in allem eine Bestätigung deiner pessimistischen Einstellung sehen. Was das Tragische dabei ist: Es gibt mindestens genauso viele Beweise für eine positive Einstellung. Doch dazu musst du einen neuen Sender einstellen. Du musst dich fragen: Wie kann die Lösung aussehen? Was könnte ich an dieser Situation positiv sehen? Was kann ich aus der Situation lernen? Welche Stärken habe ich?

Auch das geht

Bau dir stets eine Straße der Hoffnung, indem du dir diese vier stärkenden Worte bei Krisen, Problemen und Niederlagen sagst. Sie helfen dir in guten wie in schlechten Zeiten. In schlechten, weil du dich daran erinnerst, dass auch wieder gute Zeiten kommen; in guten Zeiten helfen dir diese Worte, das Gute nicht für selbstverständlich zu nehmen und dankbar dafür zu sein.

vorüber.

Lebensweisheiten von unseren Freunden, den Hunden

Wenn dir ein lieber Mensch begegnet, begrüße ihn überschwänglich und voller Freude. Lass keine Gelegenheit aus, Spaß zu haben. Wenn es angebracht ist, ordne dich unter. Lass es andere wissen, wenn sie dein Territorium und deine Rechte verletzen. Beiße nicht, wenn es ein Knurren auch tut. Entspanne dich und genieße das Faulsein. Genieße es, dich zu bewegen und lange Spaziergänge zu machen.

Du fühlst dich alt,
obwohl du noch keine
100 bist?

Dann mache eine geistige
Frischzellenkur.

Redest du dir öfter ein, du seist zu alt für dieses oder jenes? Denkst du, in deinem Alter gezieme sich manches nicht mehr? Denkst du, du bist eine gewisse Zahl an Jahren alt?

Dann fühlst du dich älter, als du bist, und es ist Zeit für eine Frischzellenkur. Rede und denke dich fortan jung, und vor allem handle so, als seist du jung. Du wirst erstaunt sein, wie belebend und verjüngend sich deine Gedanken auf dein körperliches Befinden auswirken.

Dein Lächeln ist ein kostbares Geschenk.

Ein Lächeln kostet nichts und bringt viel ein. Es bereichert den Empfänger, ohne den Geber ärmer zu machen. Keiner ist so reich, dass er darauf verzichten könnte, und keiner so arm, dass er es sich nicht leisten könnte. Es bedeutet für den Müden Erholung, für den Mutlosen Ermunterung, für den Traurigen Aufheiterung und ist das beste Mittel gegen Ärger. Man kann es weder kaufen noch leihen oder stehlen. Wenn in den letzten Minuten des weihnachtlichen Einkaufrummels unser Verkaufspersonal zu erschöpft sein sollte, um dir ein Lächeln zu schenken, dürfen wir dich dann vielleicht bitten, uns eines von deinem dazulassen? Denn niemand braucht ein Lächeln so nötig wie derjenige, der für andere keines übrig hat.

Werbung eines New Yorker Kaufhauses in der Weihnachtszeit

Deine Probleme haben nur die Größe und Macht, die du ihnen gibst.

Wie fühlst du dich bei dem Satz „Ich habe Probleme“? Du spürst wahrscheinlich eine schwere Last auf deinen Schultern oder einen dicken Stein in deinem Magen. Ersetze das Wort „Problem“ durch „Chance“ oder „Herausforderung“. Spürst du den Unterschied? Bei Herausforderung und Chance schwingt Hoffnung mit. Du bekommst Energie, statt dich zu lähmen.

Streiche deshalb das Wort „Probleme“ aus deinem Wortschatz. Es gibt sie nicht, es gibt nur Chancen: Chancen, zu wachsen und dein Erfahrungsarchiv zu füllen.

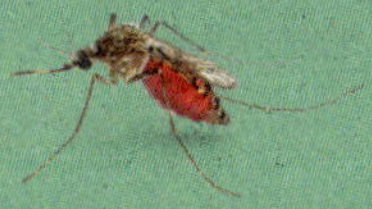

Immer einmal wieder kommen wir an einen Punkt, an dem unser Leben aus den Fugen gerät. Manchmal haben wir diese Krise mitverursacht, manchmal scheint sie uns aus dem Nichts zu überfallen. Wir sehen nur das Schlechte und verspüren Hilflosigkeit, Wut, Angst und Verzweiflung. Nimm in solchen Momenten ganz bewusst eine Beobachterrolle ein und frag dich: Welche positiven Auswirkungen könnte diese Situation für mich haben? In einem Jahr? In fünf Jahren?

Such nach dem
Guten im Schlechten,
wenn die Umstände
ungünstig sind.

Wer nicht
zufrieden ist,
wäre auch
wenn er hätte,
nicht hat.

mit dem
was er hat,
nicht zufrieden,
was er

Was du nicht willst, das man dir tut, das füge dir auch nicht selber zu.

Beklagst du dich manchmal über die Ungerechtigkeiten anderer? Nimmst du es anderen übel, wenn diese schlecht über dich sprechen? Wenn ja, dann überlege doch einmal, wie du mit dir selbst umgehst. Behandelst du dich freundlich und gerecht? Denkst du gut von dir selbst? Wenn es dir wie den meisten Menschen geht, dann wirfst du dir selbst all die hässlichen Dinge an den Kopf, die du dir von anderen nie gefallen lassen würdest. Du behandelst dich selbst so mies, wie du es anderen nicht erlauben würdest. Sei wenigstens du dir selbst mehr ein Freund als ein Feind. Je mehr du lernst, dich selbst anzunehmen, umso mehr wirst du spüren, dass auch andere dich akzeptieren.

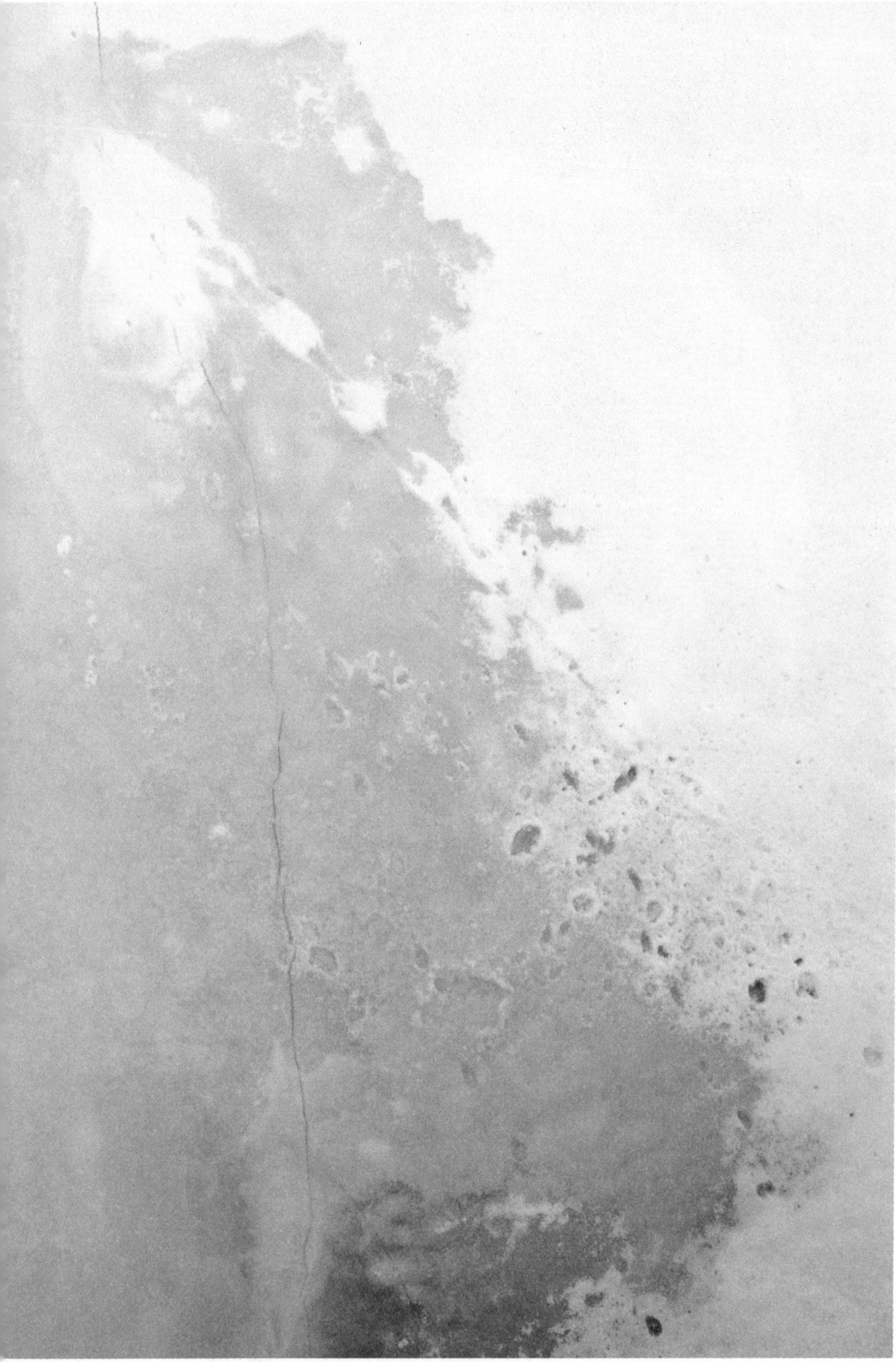

Betrachte Probleme
als Rätsel, die es
zu lösen gilt – und
denke daran:

*Für jedes Rätsel
gibt es eine Lösung.*

5 GEBOTE

für eine dauerhafte Partnerschaft

1. Akzeptiere die Andersartigkeit deines Partners.
2. Habe Nachsicht mit den Fehlern deines Partners.
3. Sei bereit, Kompromisse einzugehen.
4. Lasse deinem Partner Raum, sich zu entfalten.
5. Lobe deinen Partner oft.

Wer überzeugt ist, ein Pechvogel zu sein, wird vom Pech verfolgt.

Wenn du dich als Pechvogel siehst, wird dies große Auswirkungen auf dein Leben haben. Viele Aktivitäten wirst du überhaupt nicht in Angriff nehmen, weil du glaubst, dass sie dir nicht gelingen. Gelingt etwas nicht, wirst du dir dies sofort mit deinem Pech erklären, ohne andere Gründe in Erwägung zu ziehen. Gelingt dir etwas gut, hältst du es für einen Zufall, weil Pechvögel nun mal keinen Erfolg haben können. Deine negative vorgefasste Meinung wird so lange bestätigt, bis du diese aufgibst und dich für einen Glückspilz hältst.

Liebe die Menschen, nicht die Dinge.

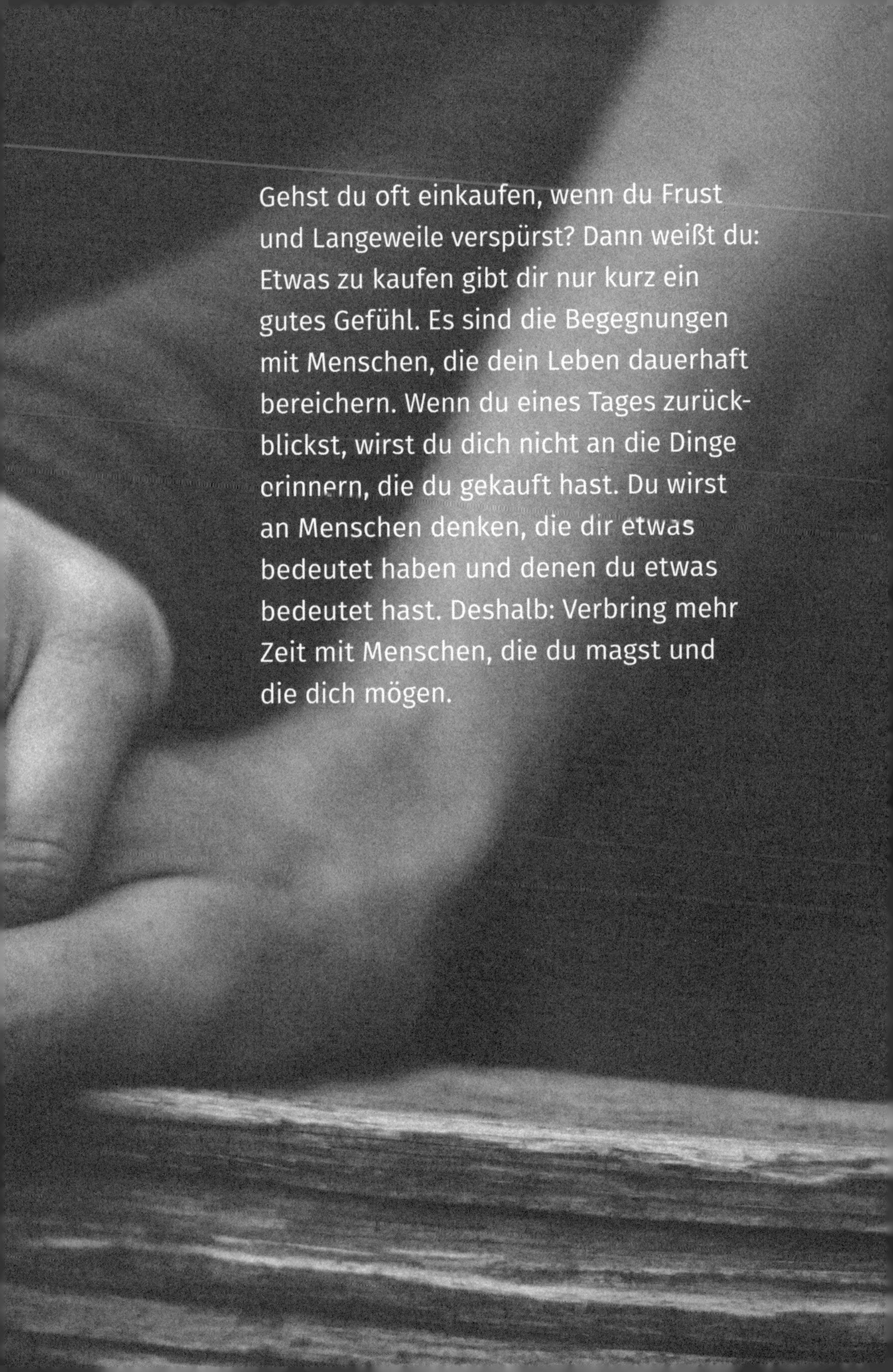

Gehst du oft einkaufen, wenn du Frust und Langeweile verspürst? Dann weißt du: Etwas zu kaufen gibt dir nur kurz ein gutes Gefühl. Es sind die Begegnungen mit Menschen, die dein Leben dauerhaft bereichern. Wenn du eines Tages zurückblickst, wirst du dich nicht an die Dinge erinnern, die du gekauft hast. Du wirst an Menschen denken, die dir etwas bedeutet haben und denen du etwas bedeutet hast. Deshalb: Verbring mehr Zeit mit Menschen, die du magst und die dich mögen.

Wenn du
einen Fehler machst,
dann bist du deshalb
noch lange keine
Fehlkonstruktion.

Neigst du dazu, dich für Fehler zu verurteilen? Geht ein Fehler dir noch lange Zeit nach, raubt dir die gute Stimmung und den Schlaf? Dann liegt es an deinen Einstellungen und nicht an dem Fehler, dass du dir nicht verzeihen kannst. Ein Fehler ist vergleichbar mit einem faulen Apfel auf einem gesunden Apfelbaum. Der Apfelbaum ist und bleibt ein Apfelbaum, auch wenn er einen oder einige faule Äpfel trägt. Lerne, zu akzeptieren, dass du ab und zu Fehler machst. Du bist und bleibst ein liebenswerter Mensch, unabhängig von deinen Fehlern.

Es gibt vieles, das in deiner Macht steht.

Du entscheidest,

wofür du dich engagierst,

mit wem du dein Leben teilst,

wie du Probleme und Krisen handhabst,

wie und
mit wem du
deine Zeit
verbringst,

welche Werte
du für dein
Leben wählst,

wie du
über dich und
andere denkst,

wie du
mit dir und
anderen Menschen
umgehst.

Nutze diese Entscheidungs-freiheiten.

DU
LEBST
ZUM
ERSTEN
MAL.

Ist das nicht
Grund genug,
dir Fehler
und Schwächen
zu verzeihen?

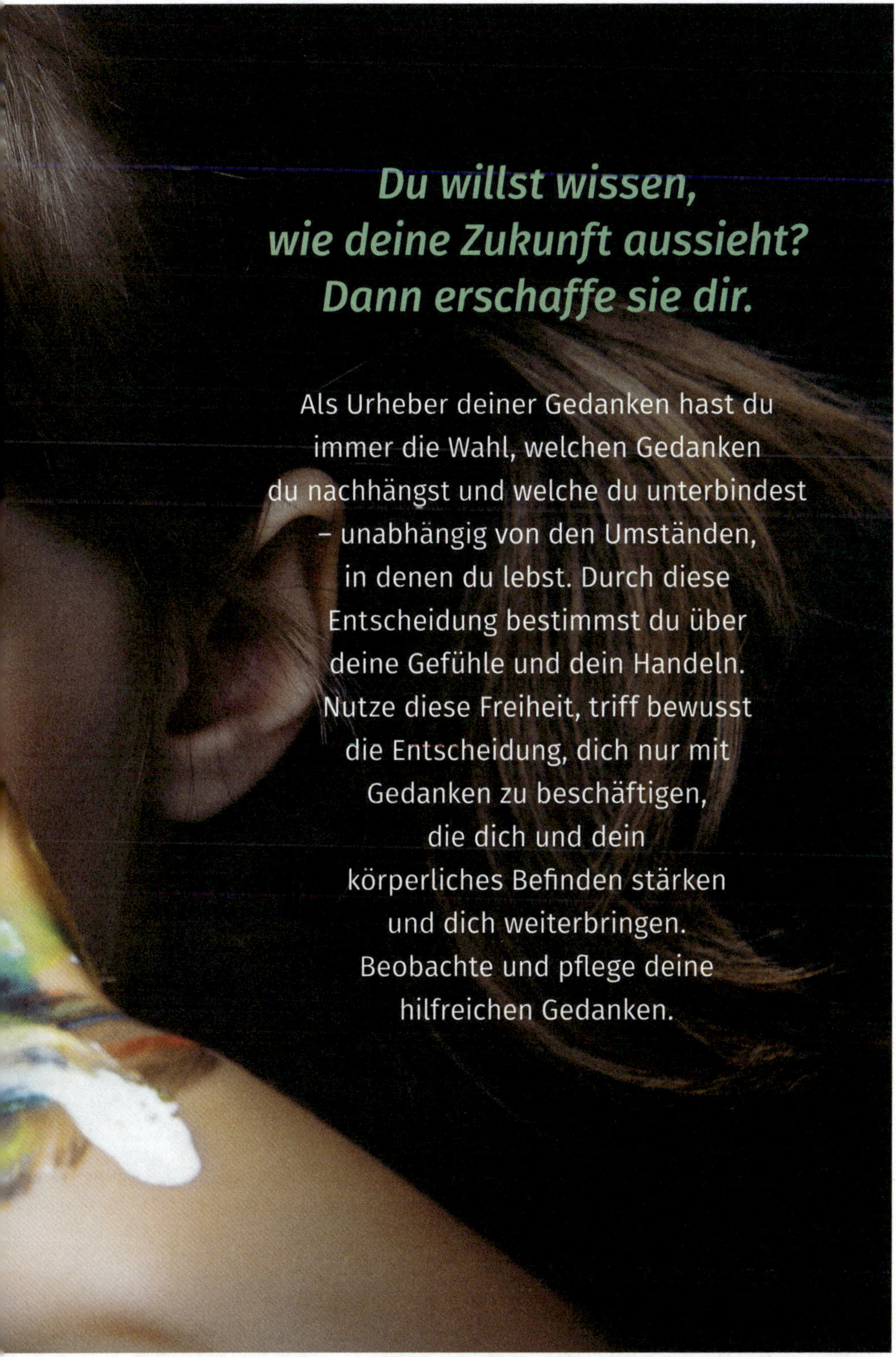

*Du willst wissen,
wie deine Zukunft aussieht?
Dann erschaffe sie dir.*

Als Urheber deiner Gedanken hast du immer die Wahl, welchen Gedanken du nachhängst und welche du unterbindest – unabhängig von den Umständen, in denen du lebst. Durch diese Entscheidung bestimmst du über deine Gefühle und dein Handeln. Nutze diese Freiheit, triff bewusst die Entscheidung, dich nur mit Gedanken zu beschäftigen, die dich und dein körperliches Befinden stärken und dich weiterbringen. Beobachte und pflege deine hilfreichen Gedanken.

Deine Zufriedenheit
davon ab, wie viel du hast,
du an dem hast,

Wir alle wollen, dass es uns gut geht und sehnen uns vielleicht nach Reichtum und materiellen Gütern. Wir glauben, dass ein größerer Besitz uns auch automatisch glücklicher macht. In Wirklichkeit ist es jedoch so, dass ein größerer Besitz nur unser Verlangen nach noch mehr auslöst. Beginne deshalb damit, täglich nach dem Ausschau zu halten, was du bereits besitzt, und es wertzuschätzen. Frage dich, wofür du dankbar sein kannst, statt alles als selbstverständlich zu betrachten. Dann wirst du deine Zufriedenheit steigern.

hängt nicht
sondern wie viel Freude
was du besitzt.

Mach Perlen aus deinen Problemen und Krisen.

Für uns ist die Perle ein Wunder der Natur.
Für eine Muschel ist die Perle ein Selbstschutz.
Die Perle entsteht, wenn die Muschel sich
gegen einen Fremdkörper wehrt, der in ihr Inneres
eingedrungen ist. Warum nicht die Muschel nachahmen
und etwas Neues, Wunderbares aus einer Krise
entstehen lassen? Auch wenn du unfreiwillig in
eine Krise geraten bist, kannst du entscheiden,
sie anzunehmen und das Beste
daraus zu machen.

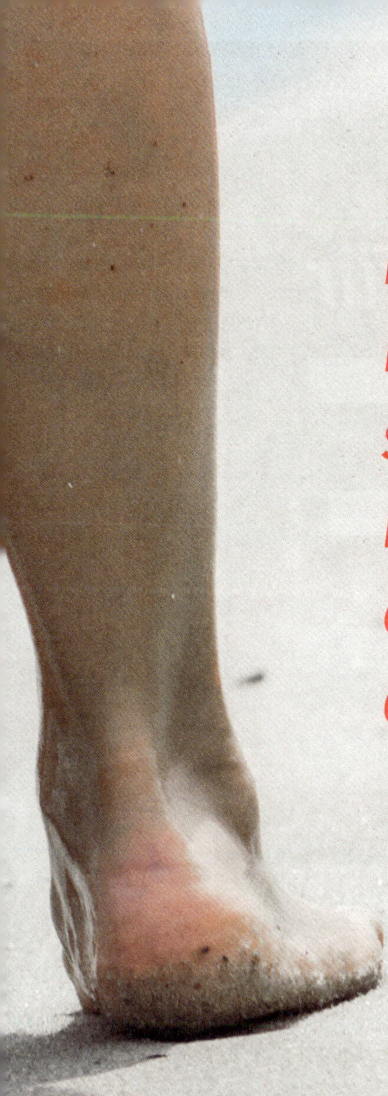

Habe bei einem Fehlschlag so viel Geduld mit dir wie mit einem Kind, das Laufen lernt.

Vielleicht erinnerst du dich nicht mehr daran, aber dein Weg zum Laufen war gepflastert mit Misserfolgen. Dein Drang, laufen und die Welt erkunden zu wollen, hat dich dazu gebracht, nach jedem Hinfallen wieder aufzustehen. Hättest du dir bei jedem Hinfallen eingeredet, dass das Laufenlernen zu schwer, zu beschwerlich ist und du zu unbegabt bist, dann würdest du heute auf allen Vieren durch die Welt kriechen. Habe also Geduld mit dir, wenn du etwas Neues lernst.

Wenn du dich für

LIEB
WER

ENS

T

hältst,
musst du
den Vergleich
mit anderen
nicht fürchten.

Du kannst nur das genießen, das du bereit bist, zu verlieren.

Wenn du krampfhaft an etwas festhältst und dich daran klammerst – sei es an den Partner, die Kinder, das Geld, die Jugend, den Erfolg – dann lebst du in der ständigen Angst, es zu verlieren. Und die Sorge um den möglichen Verlust verhindert, dass du dich daran freuen kannst. Ja, gerade durch das krampfhafte Festhalten–Wollen verlierst du es in der Regel erst recht. Du kannst etwas nur wirklich genießen, wenn du es nicht brauchst, d.h. dich von ihm nicht abhängig machst.

Wenn du in Frieden
mit dir selbst lebst,
führst du mit anderen
keinen Krieg.

Hast du schon einmal beobachtet, dass sich scheinbar alle gegen dich verschworen haben, wenn du schlechte Laune hast? Der letzte Parkplatz wird dir vor der Nase weggeschnappt, der Chef kritisiert dich, ein Freund vergisst eine lange geplante Verabredung ... Bist du hingegen bester Stimmung, dann kann dich so leicht nichts erschüttern und du kannst mit Widrigkeiten besser umgehen. Achte also auf deinen inneren Frieden – er ist der Schlüssel für ein zufriedenes Leben.

JEDER TAG,
an dem du lachen, denken
an dem du Altes genießen und
an dem du geliebt wirst

und fühlen kannst,
Neues erleben kannst,
und lieben kannst;

jeder dieser Tage ist
ein Festtag, wenn du
dich entscheidest,
für diesen Reichtum
dankbar zu sein.

10 wichtige Zutaten für dein persönliches Glück

Pflege deine Beziehungen.

Lerne, solange du lebst.

Sorge jeden Tag für
ausreichend Bewegung.

Sei dankbar.

Stärke deine Selbstachtung.

Sei offen für Neues.

Lebe selbstbestimmt –
tue, was du für wichtig und
richtig hältst.

Lerne aus deinen Fehlern.

Sieh dich als deines Glückes Schmied.

Trainiere eine optimistische Sichtweise.

DER GESUNDHEITS-MINISTER WARNT:

Ein neuer Virus, der sehr ansteckend ist,
sei kürzlich entdeckt worden. Er breite sich
sehr schnell aus und möglicherweise
sei bald die gesamte Bevölkerung infiziert.
Der Virus trage den Namen „Lächeln".
Lächelst du gerade? Dann hat der Virus
auch dich schon infiziert.

**Noch einen schönen Tag und
steck viele andere an.**

Bula
Bula

Die Menschen auf den Fidschis sind für ihre Fröhlichkeit bekannt. Fremde begrüßen sie mit den Worten „Bula, Bula", was soviel heißt wie: „Sei willkommen, sei glücklich, wir lieben dich." Woher kommt diese Lebensfreude? Der Grund dafür sind die Einstellungen dieser Menschen gegenüber dem Leben. Wenn man sie fragt, was der Sinn des Lebens ist, dann antworten sie: „Glücklich sein, was sonst". Sie glauben, dass das Leben ein Fest ist, eine vergnügliche Reise, ein Geschenk Gottes. Wenn etwas nicht so läuft, wie sie es gerne hätten, dann sagen sie sich: „Das geht vorüber, damit werden wir fertig". Und weil alles vorübergeht und sie das Vertrauen haben, damit fertigzuwerden, machen sie sich keine Sorgen.

Einen schönen Tag noch und Bula, Bula.

Heute
ist ein
neuer
Tag.